III
I

DIE LOKOMOTIVE

DIE LOKOMOTIVE
DAS RÜBCHEN
VOGELVERSAMMLUNG

Reime von Julian Tuwim

Illustrationen von Jan Lewitt und George Him

INHALT

DIE LOKOMOTIVE

Nachdichtung von James Krüss

Die große Lok ist heiß. Ihr Öl tropft auf das Gleis.

Und Öl ist, wie man weiß, Lokomotivenschweiß.

Der Heizer, der füllt ihr mit Kohle den Bauch.

Drum keucht sie und jammert

und stöhnt unterm Rauch:

Uch, ist das heiß!
Huh, so viel Schweiß!
Puh, welche Glut!
Das tut nicht gut!

Kaum kann sie schnaufen,
kaum sich noch mucken:
Immer mehr Kohlen
muss sie verschlucken.

Und so viele Wagen steh'n auf den Gleisen,
große und schwere, aus Stahl und aus Eisen.

Die soll sie schleppen. Je, welche Mühe!
Im einen sind Pferde, im andern sind Kühe.

Im dritten sind Männer, sehr dick und sehr rund,
die futtern dort Würste, fast viereinhalb Pfund.

Im vierten Waggon steh'n 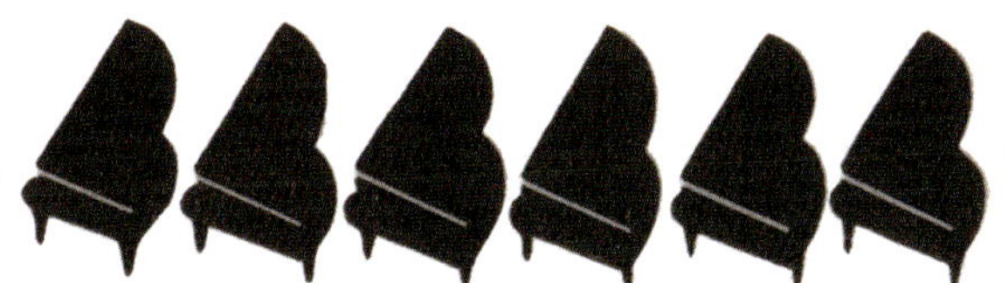 sechs große Klaviere,

im fünften sind wilde und seltene Tiere: ein Bär,  zwei Giraffen und ein Elefant.

Im sechsten, da werden Bananen versandt, 

im siebten sind eichene Tische  und Schränke,

im achten gar eine Kanone –  man denke!

Im neunten sind Schweine, die fett sind vom Mästen,
im zehnten nur Koffer und Kisten und Kästen,
und dabei gibt's vierzig solch riesiger Wagen,
was da alles drin ist, das kann ich nicht sagen!

Und kämen selbst tausend der stärksten Athleten
und schmausten sie jeder tausend Pasteten
und würden sie noch so viel Mühe sich geben:
Sie könnten die Lok mit dem Wagen nicht heben!

Plötzlich – tschuff,
plötzlich – puff,
da staunt jeder: roll'n die Räder!
Erst langsam, schildkrötenlangsam,
bis die Maschine allmählich in Gang kam.
Mühselig zieht sie mit Schnaufen und Grollen,
aber die Räder, die Räder, sie rollen.
Und nun geht es fort mit Getös und Gebraus
und rattert und tattert und schnattert und knattert.
Wohin denn? Wohin denn?
Wohin? Gradeaus!

30647
I

Auf Schienen, auf Schienen,
auf Brücken, durch Felder,

durch Berge, durch Tunnel,
durch Wiesen, durch Wälder.

Die Räder, sie plappern ihr Sprüchlein – ihr wisst es:
„So ist es, so ist es, so ist es, so ist es!“

Sie rollen, sie tollen durch Hügel und Tal,
als wär die Maschine kein Dampfross aus Stahl,
als wär sie, als wär sie - potz Schwefel und Pech -
was Kleines, was Feines, ein Spielzeug aus Blech.

Warum nur, wieso nur, weshalb nur so flink?
Wer treibt denn, wer treibt denn, wer treibt denn das Ding?
Wer macht dies Gestöhn und Geschnauf und Gestampf?
Der Dampf, liebe Leute, der zischende Dampf!

Der Dampf aus dem Kessel - das weiß ja ein jeder,
der Dampf treibt die Kolben, die Kolben die Räder,
die Räder, sie treiben die schwere, massive,
die keuchende eiserne Lokomotive.

Und immerzu plappern die Räder - ihr wisst es:
„So ist es, so ist es, so ist es, so ist es!"

94

DAS RÜBCHEN

Heute Morgen pflanzte Opa einen Rübensamen
und schon sehr bald die ersten sattgrünen Blättchen kamen.
Oh, wie schön sie doch gedieh, groß und größer wurde sie,
dick und kugelrund, ein Schmunzeln spielte um Opas Mund.
Die Vorfreude stieg, jeden Tag spazierte er zum Beet,
um nachzusehen, wie es seinem Lieblingsrübchen geht.
Opa grübelte, ob es noch weiter wachsen muss –
doch an einem sonnigen Morgen stand der Beschluss:
Nun war es genau richtig für einen guten Eintopf!
Das Rezept hatte Opa schon lange im Kopf,
delikat, herzhaft, heiß und ein großer Genuss!

Opa dachte nur noch an sein Rezept,
er zog an der Rübe, doch die war fest.
Kein einziges kleines Stückchen sie aus dem Boden ging
und Opa zu Oma schnaufend rief: „Ich brauch dich, Liebling!
Ich ziehe an der Rübenspitze und dann pass schön auf:
Musst du ganz fest an mir ziehen, so kriegen wir sie raus.“
Und sie zerrten und keuchten und schwitzten,
doch das Rübchen blieb einfach stur sitzen.

Keinen Millimeter gab sie nach, sie blieb, wo sie war,
Opa überlegte, so ging es nicht, das war nun klar.
Da kam ihr Enkel, Klein-Lenny, hurra,
er sah das Problem und zog an Oma.
Oma legte schnell die Arme wieder um ihren Mann,
sie zogen und ruckten und zerrten, doch nichts kam voran.
„Wir brauchen mehr Hilfe", dachte Lenny.
„Komm her, mein Hündchen, komm lieber Benny."

Dann fingen sie noch mal von vorne an:
Benny zog an Lenny,
Lenny zog an Oma,
Oma zog an Opa,
Opa an der Rübe.
Doch die blieb, wo sie war, das war nicht gut,
Opa verlor schon ein klein bisschen Mut.
Da erspähte der Hund Kater Hermann,

der war auf dem Weg zum Huhn Frau Lehmann.
Benny bellte: „Hermann, komm und hilf mit,
die Rübe muss raus, bekommst auch ein Stück.“
Rüben mochte Hermann eigentlich nicht,
doch half er mit und zog nun an Benny.
Benny zog an Lenny,
Lenny zog an Oma,
Oma zog an Opa,
Opa an der Rübe.
Doch die Rübe blieb, wo sie war, Opa verstand das nicht,
wollte doch unbedingt zum Mittag sein Rübengericht.

Das Huhn spazierte ran, der Kater rief:
„Frau Lehmann, schnell komm her, mach mit und hilf!"
Frau Lehmann zog an Hermann,
Hermann zog an Benny,
Benny zog an Lenny,
Lenny zog an Oma,
Oma zog an Opa,
Opa an der Rübe.
Aber die blieb, wo sie war, Opa wurde blass,
war er doch Rübenspezialist, und nun das!
Alle grübelten, das muss doch zu schaffen sein.

Da fiel dem Huhn ihre Freundin Gans Sissy ein:
„Sissy, meine Teuerste, du bist doch so fit,
sei so lieb und hilf mit.“
Sissy zog an Frau Lehmann,
Frau Lehmann an Hermann,
Hermann zog an Benny,
Benny zog an Lenny,
Lenny zog an Oma,
Oma zog an Opa,
Opa an der Rübe.
Die Rübe blieb, wo sie war, und immer näher rückte die Mittagszeit.
Doch aufgeben wollte niemand in dieser Rübenangelegenheit.

Da stakste Storch Krissi auf die Versammlung zu,
mit Beinen ewig lang, stark und kräftig dazu.
So zog Krissi an Sissy,
Sissy an Frau Lehmann,
Frau Lehmann an Hermann,
Hermann zog an Benny,
Benny zog an Lenny,
Lenny zog an Oma,
Oma zog an Opa,
Opa an der Rübe,
die aber blieb.
Aus Opas Mund kam ein Schluchzer,
da kam Frosch Phillip mit einem Quak und Hupfer.
Er wusste, dass Storch Krissi schon gefressen hatte,
sprang so zur Hilfe von seinem Seerosenblatte.

Und nun zog Phillip an Krissi,
Krissi zog an Sissy,
Sissy an Frau Lehmann,
Frau Lehmann an Hermann,
Hermann zog an Benny,
Benny zog an Lenny,
Lenny zog an Oma,
Oma zog an Opa,
Opa an der Rübe
und Peter, die Dohle, wollte auch teilhaben
und sich später mit am Rübeneintopf laben.
Die ganze Schar zerrte, zog und schnaufte,
ruckte, rüttelte und riss und raufte.

Und es passierte ... War denn so was wahr?
Gar nichts, einfach überhaupt nichts geschah!
Da half nur noch ein alter Zauberspruch!
Es war zwar gewagt, aber ein Versuch:
„Simsel und Bimsel und dreimal ruckzuck,
eins zwei drei, und hau - ruck, hau - ruck!“

FLOP - was für ein Ruck und Knall,
ein jeder kam sofort zu Fall.
Die Rübe sich nicht mehr verwurzelte
und so ein jeder plötzlich purzelte.
Und ehe man sich recht besann,
saß man auf seinem Hintermann.

Die Rübe saß auf dem Opa,
der Opa saß auf der Oma,
Oma saß auf Lenny,
Lenny saß auf Benny,
Benny saß auf Hermann,
Hermann auf Frau Lehmann,
Frau Lehmann auf Sissy,
Sissy saß auf Krissi,
Krissi saß auf Phillip
und Peters Pech war besonders groß:
Denn alle saßen auf seinem Schoß.

DIE VOGELVERSAMMLUNG

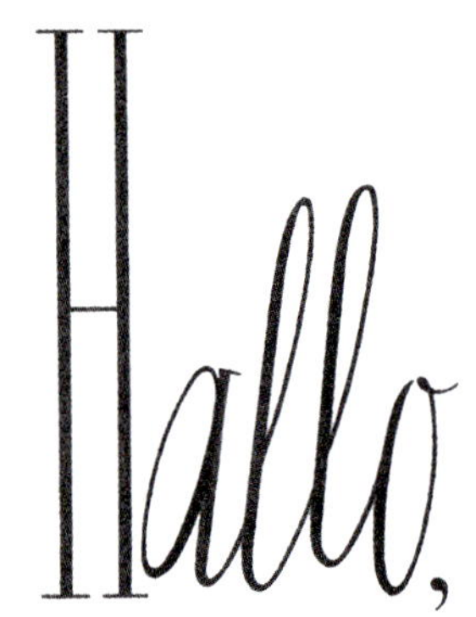

heute Versammlung im Land der Vögel, wir schalten auch gleich rein,
türelüü, live bei Ihrem Radiosender vom Birkenhain!
Die klügsten Köpfe von nah und fern sind zusammen gekommen,
um in wichtigen Angelegenheiten zu Wort zu kommen.
Erstens: das Rascheln im Gras und das am sehr sehr frühen Morgen!
Woher kommt es, wer ist es, muss man sich schützen oder gar sorgen?
Zweitens: Frühsport-Baden im Tau auf unserem Sommerrasen!
Wer stellt die Halme wieder auf? So können wir es nicht lassen!
Drittens: das Echo! Wo versteckt es sich wieder?
Plärrt frech einfach nach unsere schönen Lieder
und das, wenn wir ehrlich sind, ziemlich schlecht.
Und haben nicht wir das Urheberrecht?

Noch drei Minuten, dann fängt die Tagung an!
Hier schnell die Namen, die Liste ist lang,
all der Vögel, vornehme Damen und Herren,
die heute live und nur hier nun zwitschern werden:
Kanarienvogel, Kiebitz und auch der Star,
die Schwalbe, die Eule, sie sind alle schon da,
Goldammer und Wachtel, der schöne Distelfink,
die Drossel und Amsel flattern heran sehr flink,
Sperling und Storch lassen auch nicht auf sich warten,
Frau Gans watschelt geschäftig aus ihrem Garten,
die Ente, die Nachtigall und der stolze Hahn,
auch Specht, Gimpel und die Krähe kommen gleich an,
die Haubenlerche und auch Familie Meise,
das Rotkehlchen kommt spät und setzt sich schnell leise.

Die Nachtigall erhebt sich, will die Erste sein!
Das Mikrofon geht an und sie singt auch gleich rein:
„Geneigtes Publikum, hallo, trilli, trillo,
auch an die werten Hörer zu Haus ein Hallo!
Hach, ich werd gleich mal singen, auch wenn ich nicht soll.
Wenn ich mich so höre, also ich find mich toll,
tirrila trilli trilli tirilo trillo!
Hach ich bin im Radio, halli und hallo!“

Der Sperling unterbricht, schnappt sich das Mikrofon,
liebe Hörer, oh, was für eine Sensation!
„So geht das doch nicht, halten Sie ihren Schnabel!
Oh tschiep, tschiep, tschiep, das ist höchst inakzeptabel!
Vollkommen am Thema vorbei, tschiep, tschiep,
Herr Nachtigall haben Sie einen Piep?
Tut mir wirklich leid, meine Damen und Herren,
dies alberne Getue kann ich nicht hören!

Tschiep, tschiep, tschilp, was denkt er denn, wer er ist?
Ich bin für die Einführung einer Redefrist!
Und ständig die Federn putzend, ich bin empört!
Tschiep, sie sind doch hier nicht auf der Bühne! Das stört!
Tschiep tschiep tschilp lassen sie mich das sagen oh tschiep
tschiep tschiep und mit Nachdruck tschiep tschiep tschiiii-iiip!“

Liebe Hörer zu Hause: Der Skandal, er steht,
bleibt dran, sind wir gespannt, wie es weiter geht!
Der Hahn erhebt seinen Kamm, Schwanzfedern rascheln,
ein jeder ist still, keiner traut sich zu quasseln.

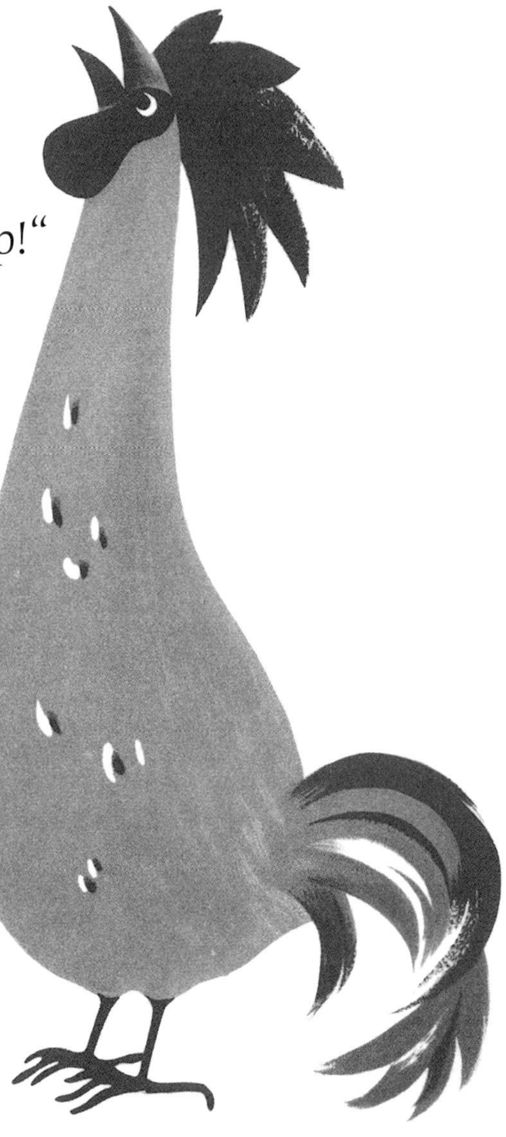

Groß ist die Spannung, sie knistert, hören Sie sie?
„Kik Kik Kik Kikeriki Kik Kikerikiiiiiiii!"
Hoch springt der Kuckuck! Schnell zu ihm das Mikrofon!
„Kuckuck, ich hab mich wohl verhört, was für ein Ton!
Kuckuck zum Kuckuck noch eins, wer bitte sind Sie?
Sie mit Ihrem Bart und Kamm und Kikeriki?"

„In meinem Amt als Hahn, ich muss Ihnen sagen,
so mit mir zu reden, sollte keiner wagen!“

Der Specht will nun auch, wirft in die Runde: „Pick, pick!“
Der Kiebitz sieht das anders, erwidert: „Piepwitt!“
Was für ein Tiriliere, Gezwitscher, Gekreisch,
liebe Hörer, das Mikrofon dreht sich im Kreis!
„Lassen Sie das sein.“ „So geben Sie es doch her!“
„Ich höre ja wohl nicht richtig.“ „Ich kann nicht mehr!“
„Haben Sie denn dafür überhaupt Papiere?“
„Wie benehmen Sie sich denn, wir sind doch Tiere!“
„Was haben Sie da? Ein Krümel? Eine Feder?“
„Also, da könnte ja jeder kommen, jeder!“
„Eine Fliege?“ „Ein Strohhalm!“ „Ein Wurm?“ „Nein, ein Zweig!“
„Nicht mit mir, tschiep.“ „Ich bin nicht zum Teilen bereit!“
„Nun ja, wenn das so ist.“ „Also ich geh ins Nest!“
„Wird ja immer schöner.“ „Das steht schon lange fest!“
„Halten Sie doch Abstand!“ „Mein Lied ist am besten!“
„Alles meins!“ „Ich denk, das sollten wir gleich testen.“
„Nein!“ „Ja!“ „Doch!“ „Zweig!“ „Am besten!“ „Sehr übertrieben!“
„Falsch!“ „Richtig!“ „Falsch!“ „Wär ich nur daheim geblieben!“
Ach du grüner Schnabel, dahinten kommt es jetzt zum Kampf, wie ich sehe!

Da eilt die Vogelpolizei heran, streng vom Scheitel bis zur Zehe!
Löst die noble Versammlung auf und ich verschnauf!

Doch wer stellt denn nun die Grashalme wieder auf?

Die Geschichte hinter der Lokomotive

Jan Lewitt und George Him bildeten 1933 in Warschau die Lewitt-Him Partnerschaft.

Zusammen gestalteten sie Werbung, Plakate und Broschüren, wie zum Beispiel für die Warschauer Post und die Pharmaindustrie, außerdem Buchumschläge und Illustrationen für das Magazin „Wiadomości Literackie“, eine kulturelle Wochenzeitschrift, die in den Jahren 1924 bis 1939 in Warschau herausgegeben wurde.

Besonders in Erinnerung sind Lewitt und Him für ihre Plakate „Shanks’ Pony“ und „The Vegetabull“, für die Guinness-Uhr beim Festival of Britain und für ihre hervorragend und sehr eindrucksvoll illustrierten Bücher.

1973 wurden Lewitt und Him vom Victoria and Albert Museum nach London eingeladen und stellten ihre Arbeit in der Lund Humphries Gallery aus.

Als der berühmte polnische Poet Julian Tuwim die drei Kindergedichte „Das Vogelradio“, „Die Lokomotive“ und „Die Rübe“ schrieb, wurden Lewitt und Him mit den Illustrationen beauftragt.

Der Verleger Przeworski brachte die drei Geschichten in einem Buch unter dem Titel „Lokomotywa“ heraus. 1938 wurde es in polnischer Sprache, 1939 in französischer und englischer Sprache veröffentlicht. Das Buch wurde sofort ein voller Erfolg.

Jane Rabagliati (Stieftochter von George Him)
Michael Lewitt (Sohn von Jan Lewitt)

Originaltitel: Lokomotywa (including Lokomotywa, Rzepka, Prasie Radio)

Published by arrangement with Thames & Hudson Ltd, London

1. Auflage 2018
Buchgestaltung: Jochen Busch
Druck und Bindung: Jettenberger Internationale Druckagentur
Printed in Czech Republic

ISBN 978-3-89603-525-7
www.leiv-verlag.de